Juegos y deportes electrónicos

ENCENDIDO

LA HISTORIA DE LOS VIDEOJUEGOS

Kaitlyn Duling

Traducción de Santiago Ochoa

Rourke

CONEXIONES de la ESCUELA a la CASA de ROURKE

ANTES Y DURANTE LAS ACTIVIDADES DE LECTURA

Before Reading: *Construir los conocimientos previos y el vocabulario*

Los conocimientos previos pueden ayudar a los estudiantes a procesar nueva información y a basarse en lo que ya saben. Antes de leer un libro, es importante aprovechar lo que los estudiantes ya saben sobre el tema. Esto los ayudará a desarrollar su vocabulario y a aumentar su comprensión lectora.

Preguntas y actividades para reforzar los conocimientos previos:

1. Mira la portada del libro y lee el título. ¿De qué crees que tratará este libro?
2. ¿Qué sabes ya sobre este tema?
3. Recorre el libro y hojea las páginas. Mira el índice, las fotografías, los pies de foto y las palabras en negrita. ¿Te han dado estas características del texto alguna información o algún adelanto sobre lo que vas a leer en este libro?

Vocabulario: *El vocabulario es clave para la comprensión lectora*

Utilice las siguientes instrucciones para iniciar una conversación sobre cada palabra.

- Lee las palabras del vocabulario.
- ¿Qué se te viene a la mente cuando ves cada palabra?
- ¿Qué crees que significa cada palabra?

Palabras del vocabulario:
- cartucho
- consolas
- desarrolladores
- gamepads
- juegos móviles
- programadores

Durante la lectura: *Leer para entender y comprender*

Para lograr una comprensión profunda de un libro, se anima a los estudiantes a utilizar estrategias de lectura detallada. Durante la lectura, es importante que los estudiantes hagan una pausa y creen conexiones. Estas conexiones dan lugar a un análisis y una comprensión más profundos del libro.

 ### Lectura detallada de un texto

Durante la lectura, pida a los estudiantes que hagan una pausa para hablar de los siguientes aspectos:

- Las partes confusas.
- Las palabras desconocidas.
- Las conexiones dentro del texto, entre el texto y uno mismo y entre el texto y el mundo.
- La idea principal de cada capítulo o título.

Anime a los estudiantes a utilizar pistas contextuales para determinar el significado de las palabras desconocidas. Estas estrategias ayudarán a los estudiantes a aprender a analizar el texto con más detenimiento mientras leen.

Cuando termine de leer este libro, vaya a la penúltima página, donde encontrará las **Preguntas después de la lectura** y una **Actividad**.

Índice

Al pasado en un soplo 4
Comienza a jugar 6
La edad de oro de los
juegos *arcade* 12
Hogar, dulce hogar 18
El mundo de un jugador 24
Juego de memoria 30
Índice analítico 31
Preguntas después de la lectura 31
Actividad 31
Sobre la autora 32

AL PASADO EN UN SOPLO

¿Sabes lo que se siente cuando ganas un juego? ¿Cuando cruzas la línea de meta? ¿Cuando superas el puntaje más alto? Los jugadores han estado persiguiendo esa sensación de ganar durante varias décadas. Los primeros videojuegos no se parecen en nada a las megabatallas y a los mundos virtuales de hoy. Pero sin ellos, no tendríamos los personajes, las historias y las competiciones que amamos.

Viajemos en el tiempo para ver cómo surgieron los videojuegos. ¿Crees que puedes sacar un puntaje alto en la historia de los videojuegos?

¡Juego en curso!

MOMENTOS EN LA HISTORIA

Nimatron	Tennis for Two	Computer Space
1940	1958	1971

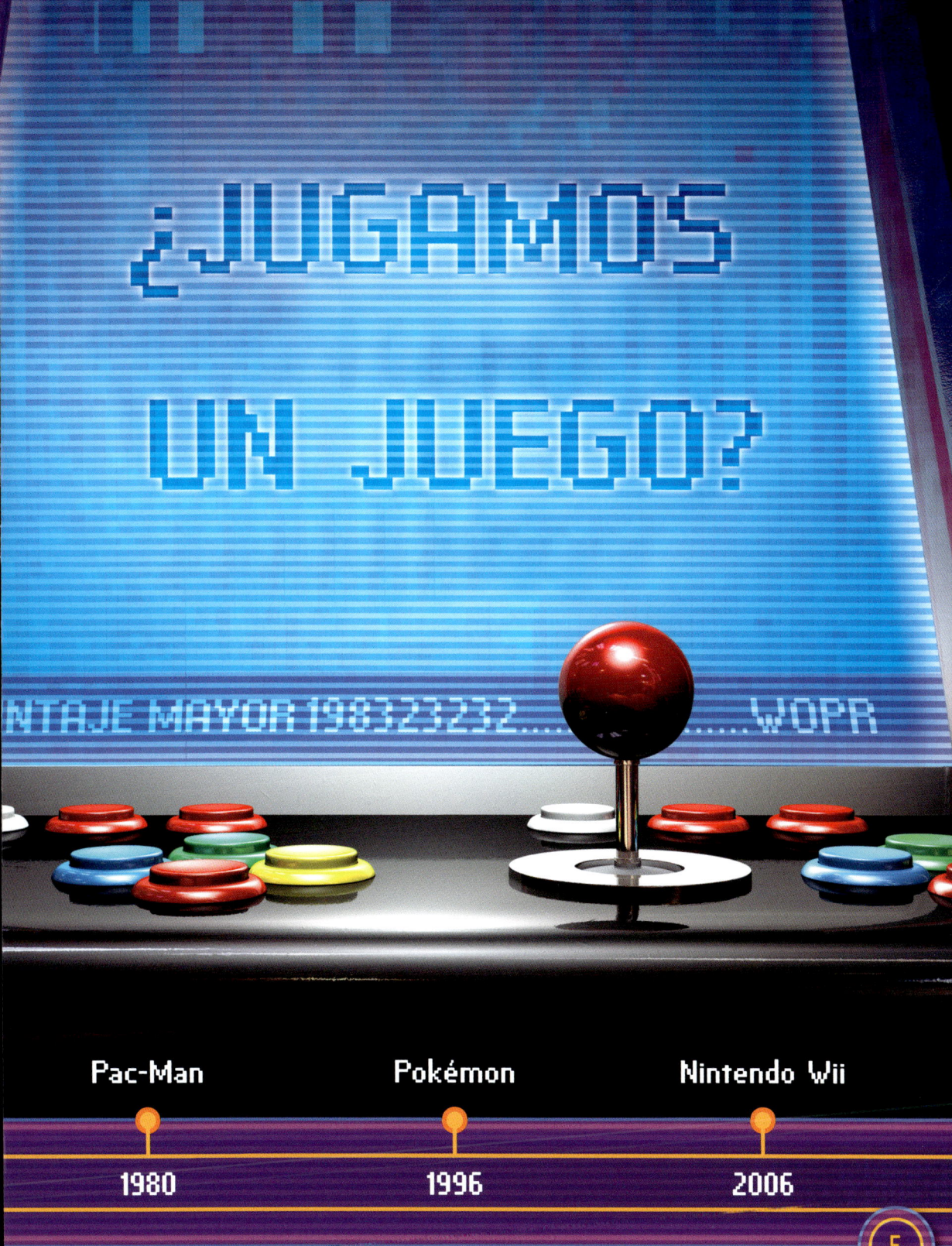

COMIENZA A JUGAR

Agárrate fuerte. Estamos viajando en el tiempo. Para conocer la historia de los videojuegos hay que empezar por las computadoras. No existieron hasta la década de 1940. Las primeras computadoras eran enormes. ¡Ocupaban habitaciones enteras! Los **programadores** informáticos crearon juegos para probar el potencial de estas nuevas máquinas. Los primeros juegos para computadoras eran muy sencillos, como el tres en raya.

PROGRAMADORES:
Personas que crean programas para computadoras, incluyendo juegos.

La computadora central Mark I de la Universidad de Harvard en Cambridge, Massachusetts, fue construida por IBM.

DEPORTES EN LA PANTALLA

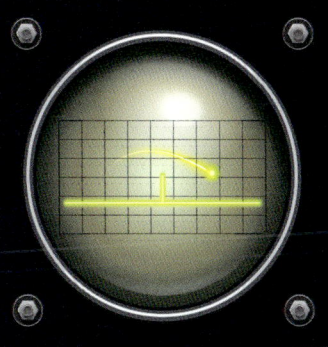

El primer videojuego se creó en 1958. El físico William Higinbotham pasó dos semanas elaborando *Tennis for Two*. Los jugadores usaban una perilla y un botón. Golpeaban una pelota de un lado a otro de la pantalla.

Mientras los programadores creaban nuevos juegos, había otras formas de jugar. Las máquinas de *pinball* se introdujeron en la década de 1930. Esas máquinas utilizaban paletas para golpear una pequeña bola de metal y marcar puntos. Durante la Gran Depresión, ofrecieron una forma barata de divertirse. Hoy en día se sigue jugando en máquinas de *pinball*. ¡El récord mundial del juego más largo de *pinball* es de 32 horas seguidas!

UN JUEGO LIMPIO

Otra de las primeras máquinas de juegos fue la Nimatron. Se exhibió por primera vez en abril de 1940, en la Feria Mundial de Nueva York de 1939. Los usuarios jugaban contra la máquina en un juego de matemáticas llamado Nim. ¡En la feria, Nimatron ganó 90,000 de 100,000 partidas jugadas!

En la década de 1960, las máquinas de juego se parecían a las **consolas** que conocemos hoy. Un hombre llamado Ralph Baer creó TV Game Unit #1 en 1967. El «juego» era sólo un punto en una pantalla. El punto se movía usando un controlador. Ese pequeño punto es algo así como el tatarabuelo de las consolas actuales.

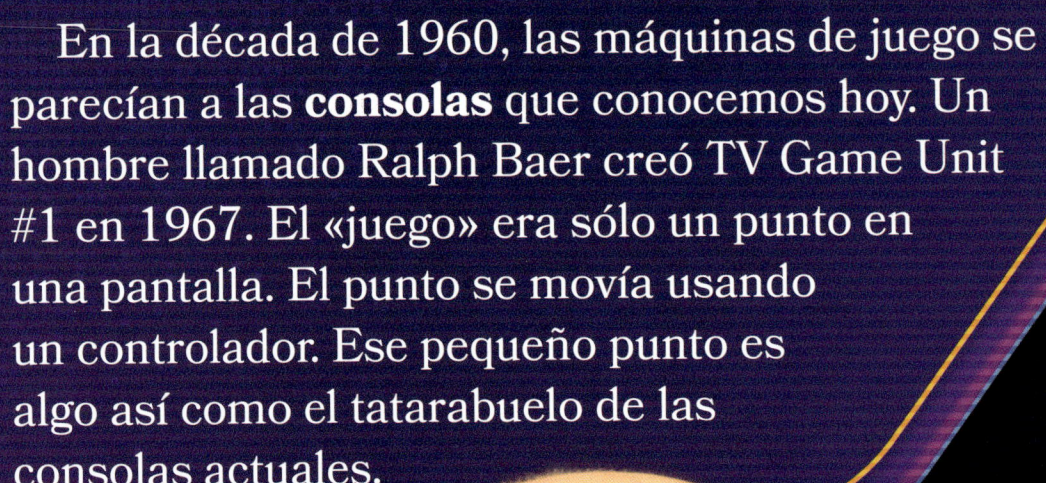

Baer (a la derecha) es considerado el padre de la consola de videojuegos doméstica.

CONSOLAS:
Sistemas electrónicos que se conectan a una pantalla (como un televisor o monitor) y se utilizan principalmente para jugar videojuegos.

LA EDAD DE ORO DE LOS JUEGOS *ARCADE*

¿Tienes una moneda de veinticinco centavos? En las décadas de 1970 y 1980, las monedas de veinticinco centavos eran útiles. Es decir, si querías jugar. Estas décadas fueron la época dorada de los juegos *arcade*. En lugar de jugar en casa, los jugadores iban a las salas de juegos, o *arcade*s. Allí podían encontrar a sus personajes favoritos, como Pac-Man y Donkey Kong. *Computer Space* fue el primer videojuego *arcade* ampliamente jugado. Fue lanzado en 1971.

LOS SUPERORÍGENES DE UN CARPINTERO

Antes de convertirse en el Mario que conocemos hoy, este famoso personaje era un carpintero anónimo. Apareció por primera vez en *Donkey Kong*, un juego *arcade* de 1981. Era conocido como «Jumpman».

«Mario» lleva el nombre del propietario de una bodega, Mario Segale, que era rentada por Nintendo.

Algunos de los primeros videojuegos siguen siendo muy populares. ¡*Tetris* es uno de los más exitosos de todos los tiempos! Se basaba en un rompecabezas de bloques de madera. El videojuego fue creado en 1984 por Alexey Pajitnov, un ingeniero ruso. En 1988, fue lanzado en salas de juegos *arcade*. El Campeonato Mundial de Tetris Clásico se celebra en Portland, Oregón, desde 2010.

JUEGOS INVASORES

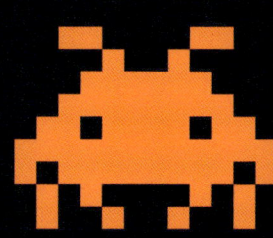

En 1978, se introdujo *Space Invaders* en Japón. ¡Se volvió tan popular que provocó una escasez de monedas de 100 yenes en todo el país!

Un año después, había 6,000 máquinas de *Space Invaders* en todos los Estados Unidos.

EON PONG NACE LA CONSOLA DOMÉSTICA

Uno de los videojuegos más famosos de la historia es el *Pong*. En él, los jugadores hacen rebotar una pelota de un lado a otro. ¡Eso es todo! La primera máquina se instaló en una sala de juegos en 1972. Después de un tiempo, la máquina dejó de funcionar. Los dueños pensaron que se había roto, pero ¡simplemente estaba atascada con monedas!

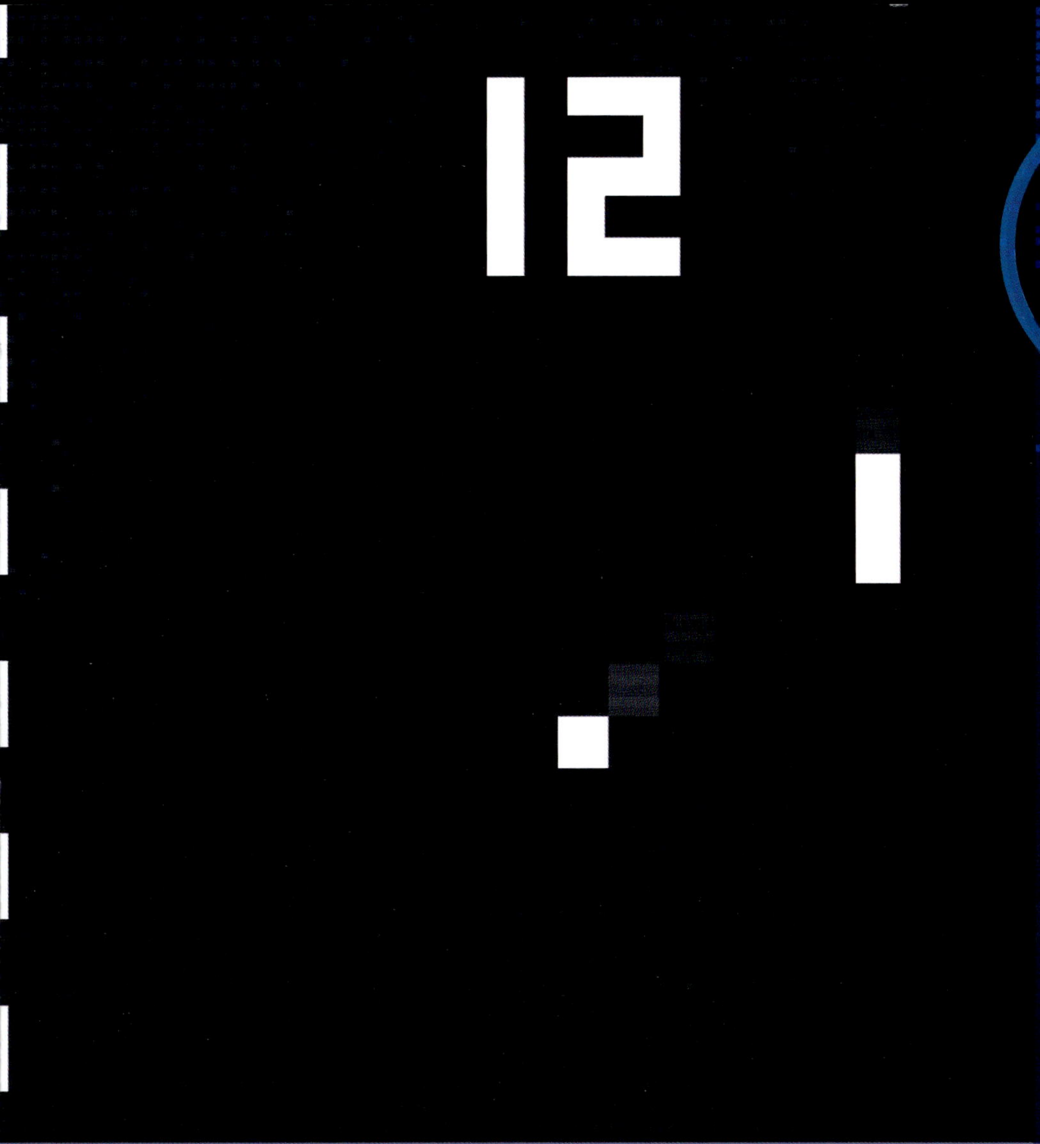

EL FINAL
DE LOS
JUEGOS
ARCADE
COMIENZA
FIN DEL JUEGO

En 1975 apareció una versión casera del *Pong*. Los jugadores ya no tenían que ir a las salas de juegos *arcade*. Podían jugar *Pong* desde la comodidad de la sala de sus casas. Las salas de juegos siguieron siendo populares durante la década de 1980, pero la gente finalmente se cansó de ellas. En la década de 1990, los videojuegos llegaron a casa para quedarse.

HOGAR, DULCE HOGAR

¿Recuerdas a Ralph Baer? Después de TV Game Unit #1, Baer siguió pensando y trabajando. Inventó la Brown Box. Esta tenía dos mandos y varios juegos. Los usuarios podían jugar damas, tenis de mesa e incluso tiro al blanco. Magnavox compró la Brown Box de Baer. Rebautizada como Magnavox Odyssey, fue lanzada en 1972. Fue la primera videoconsola doméstica.

La Brown Box

La Brown Box fue la primera consola de su tipo, pero la Atari 2600 de 1977 fue la primera consola exitosa. La Atari tenía un *joystick* que los jugadores usaban para más de 100 juegos diferentes. Cada juego estaba dentro de un **cartucho**. Aunque ahora pueda parecer normal, tener juegos que se pudieran intercambiar en la misma consola era una idea completamente nueva.

En 1985, Nintendo lanzó su propio sistema, el NES. Nintendo comenzó originalmente como una compañía de naipes en 1889. Esta empresa ha sacado muchas consolas y videojuegos populares. ¡Crearon leyendas como Mario, Kirby, Link y más!

LAS CHICAS EN LOS JUEGOS

La cantidad y variedad de videojuegos se disparó en la década de 1980. A los niños y niñas de todas las edades les encantaba jugar, pero había un problema. ¡No había personajes femeninos de videojuegos en los Estados Unidos! Hasta que, en 1986, Nintendo presentó a Samus Aran, la estrella de los juegos *Metroid*. Samus Aran es recordada como uno de los primeros personajes femeninos de los videojuegos.

(NES) Siglas en inglés de Sistema de Entretenimiento Nintendo

CARTUCHO: ¡Un estuche con chips de circuitos impresos que contienen un programa para computadoras!

Los videojuegos evolucionaron en las décadas de 1980 y 1990. Los **gamepads** reemplazaron a los *joysticks*. Y los juegos en sí se estaban volviendo más complejos. En 1987 se lanzó un innovador videojuego japonés llamado *Final Fantasy*. Este fue uno de los primeros juegos de rol, o *RPG*s, que se hicieron muy populares.

Final Fantasy fue lanzado inicialmente en el NES.

Además de los nuevos juegos, esta época trajo nuevas formas de jugar. En 1989, Nintendo presentó Game Boy. Esta consola portátil cambió la forma de jugar. La gente podía llevarse de viaje los juegos.

GAMEPADS: Dispositivos con botones y un *joystick* que se utilizan para controlar imágenes en los videojuegos.

UN GRAN FRACASO

En 1982, Atari lanzó un videojuego llamado *E.T. the Extra-Terrestrial*. Estaba basado en una película popular, ¡pero el juego fue un fracaso total! Algunos dicen que es el peor videojuego de todos los tiempos. En lugar de destruir todos los juegos, Atari enterró en secreto casi un millón de cartuchos en el desierto de Nuevo México.

Los cartuchos fueron recuperados del vertedero el 26 de abril de 2014.

EL MUNDO DE UN JUGADOR

Los videojuegos llevan décadas evolucionando. ¿Cuál ha sido probablemente el mayor cambio? El Internet. En la década de 1990, a los jugadores les fue posible jugar en línea. Los sitios web tenían sus propios juegos sencillos. Con el tiempo se convertirían en los juegos multijugador masivo en línea, o MMOs, que conocemos hoy. El Internet permitió a las personas conectarse, comunicarse y jugar con jugadores de todo el mundo.

SUBIENDO DE NIVEL

La PlayStation original debutó en 1994. Esta consola fue una de las primeras en utilizar discos. Los discos planos tenían mucha más memoria que los cartuchos. Esto hizo posible que los **desarrolladores** crearan videojuegos más largos y avanzados. Los gráficos mejoraron cada vez más. Los juegos de hoy se parecen más a dibujos animados en 3D que a sus ancestros pixelados.

Disco Black PS1

DESARROLLADORES:
Personas que crean software para computadoras, como videojuegos.

El final de la década de 1990 y el comienzo de la de 2000 trajeron aún más creatividad al mundo de los videojuegos. *Dance Dance Revolution* puso a los jugadores de pie. *Rock Band* y *Guitar Hero* tenían controladores con forma de instrumentos musicales. Y en 2006, la Wii cambió la forma en que se podían practicar deportes en una consola de juegos.

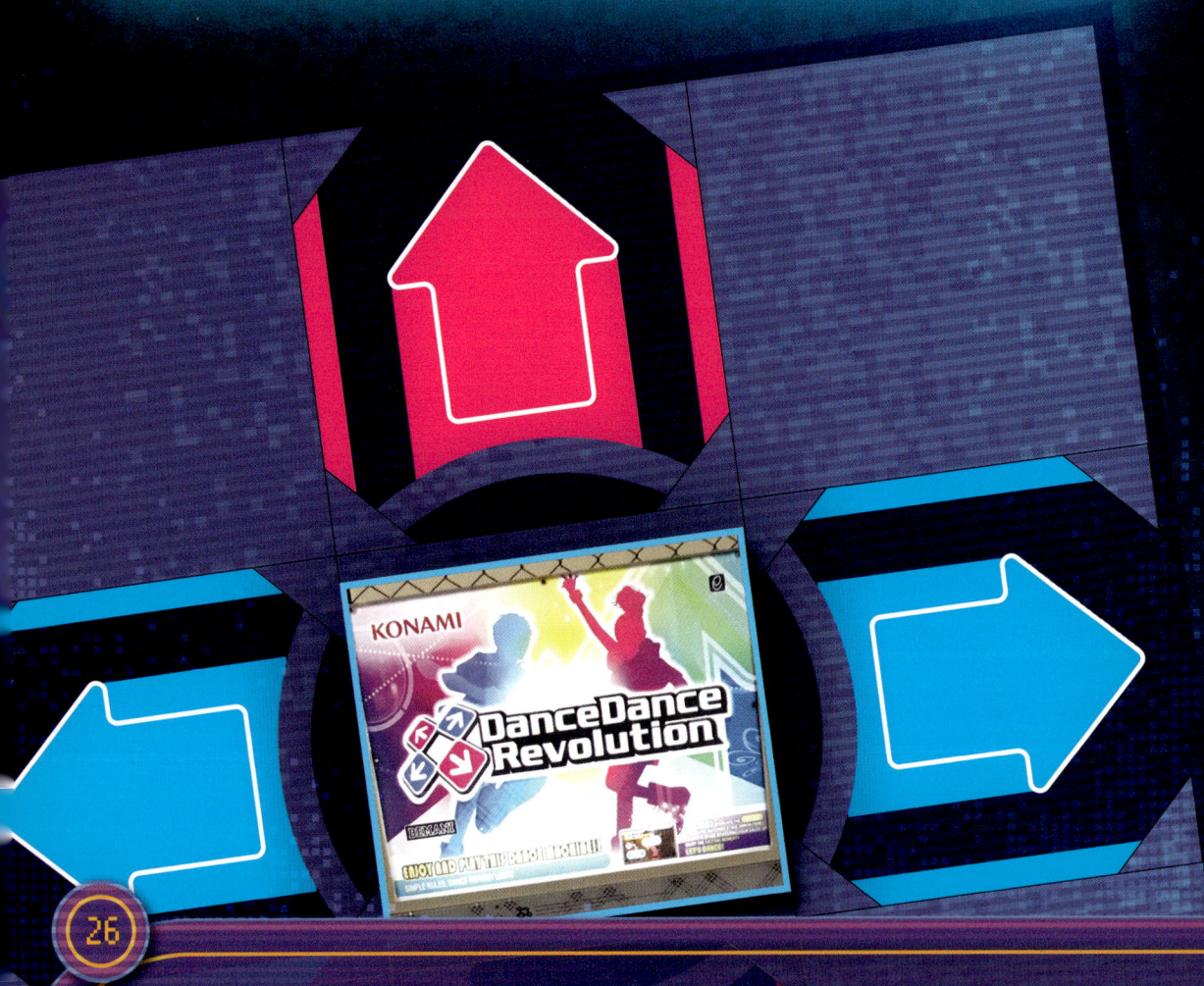

La Nintendo Wii se lanzó en 2006 y utilizaba movimientos para jugar.

Muchos de los videojuegos más populares de la actualidad se juegan en línea. Juegos como *Call of Duty*, *Among Us* y *Dota 2* permiten a los jugadores combatir con personas de todo el mundo en tiempo real. Gracias al Internet, los **juegos móviles** se han extendido rápidamente. Los teléfonos inteligentes y las tabletas se han convertido en las consolas preferidas de muchos jugadores ocasionales.

Es difícil de creer, pero no tendríamos los juegos actuales sin el *pinball*, el *Tennis for Two* y otros inventos tempranos. Si hemos llegado tan lejos en menos de un siglo, ¿hacia dónde podrían ir los juegos? En materia de videojuegos, el único límite es nuestra imaginación.

JUEGOS MÓVILES:
Los juegos que pueden jugarse en un teléfono inteligente o una tableta.

JUEGO DE MEMORIA

Mira las fotos. ¿Qué recuerdas haber leído en las páginas donde aparecía cada imagen?

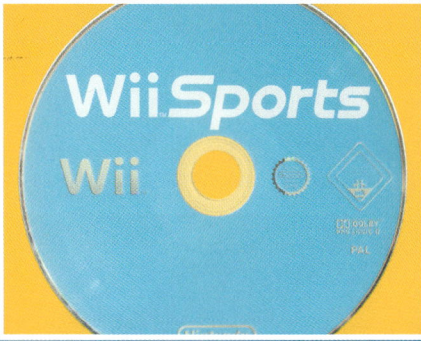

ÍNDICE ANALÍTICO

Atari: 20, 23
Baer, Ralph: 10, 18
computadora(s): 6, 7, 21, 25
Donkey Kong: 12, 13

multijugador: 24
Nintendo: 5, 13, 20, 21, 22, 27
pinball: 8, 28
RPGs: 22

PREGUNTAS DESPUÉS DE LA LECTURA

1. ¿Por qué se crearon los primeros juegos para computadoras?

2. ¿Cuáles son tres juegos famosos creados antes de 1990?

3. ¿Cómo cambió Internet la forma en que las personas jugaban videojuegos?

4. ¿Qué hizo que el *pinball* fuera un juego tan popular?

5. ¿Cómo han evolucionado los mandos de los juegos con el tiempo?

ACTIVIDAD

Piensa en los juegos y las consolas que se analizan en el libro. Elige algunos de tus momentos favoritos de la historia de los videojuegos e inclúyelos en una breve línea de tiempo. Enumera los eventos en orden cronológico, del más antiguo al más reciente. ¡Sé creativo! Haz dibujos o usa papel y pegamento para hacer que tu línea de tiempo sea única.

SOBRE LA AUTORA

Kaitlyn Duling ha amado los videojuegos toda su vida. Le gustan los juegos que la hacen moverse, pensar y soñar. Cuando no está con su Nintendo Switch, Kaitlyn escribe y vive en Washington, DC. Es autora de más de cien libros para niños y adolescentes.

© 2025 Rourke Educational Media

All rights reserved. No part of this book may be reproduced or utilized in any form or by any means, electronic or mechanical including photocopying, recording, or by any information storage and retrieval system without permission in writing from the publisher.

www.rourkebooks.com

PHOTO CREDITS ©: page 4: Inked Pixels/Shutterstock.com; page 6: akg-images/Newscom; page 6: Everett Collection/Newscom; page 7: akg-images/Newscom; page 8: Ed Oudenaarden/ANP/Newscom; page 10: Jens Wolf/dpa/picture-alliance/Newscom; page 12: Britta Pedersen/dpa/picture-alliance/Newscom; page 12: Atmosphere1 / Shutterstock.com; page 12: Thanaphat Kingkaew/ Shutterstock.com; page 12: Atmosphere1/Shutterstock.com; page 13: Sean Locke Photography/ Shutterstock.com; page 13: Alternative Publicidad/ Shutterstock.com; page 13: Karl Polverino/ZUMA Press/Newscom; page 14: Thomas Eisenhuth/dpa/picture-alliance/Newscom; page 14: yavdat/ Getty Images; page 15: PERCY RAMIREZ/EL COMERCIO de PERU/Newscom; page 15: MicroOne/ Shutterstock.com; page 18: SK2/HS1/Stefan Krempl / WENN/Newscom; page 19: Taner Muhlis Karaguzel / Shutterstock.com; page 19: Jovanmandic/ Getty Images; page 19: Spiderstock/ Getty Images; page 20: JR Moreira / Shutterstock.com; page 21: robtek / Shutterstock.com; page 21: seeshooteatrepeat/ Shutterstock.com; page 21: robtek / Shutterstock.com; page 22: rambo182/ Shutterstock.com; page 22: Matthieu Tuffet / Shutterstock.com; page 22: Sushiman / Shutterstock.com; page 22: Jorge Gonzalez/ ZUMA Press/Newscom; page 23: igorrita/ Shutterstock.com; page 23: MARK WILSON/REUTERS/Newscom; page 24: solarseven/ Getty Images; page 24: photo_Pawel/ Getty Images; page 25: robtek / Shutterstock.com; page 25: Yuliia Markova/ Shutterstock.com; page 26: ia2ca/ Shutterstock.com; page 26: withGod / Shutterstock.com; page 27: Andrew Parsons GDA Photo Service/Newscom; page 27: seeshooteatrepeat / Shutterstock.com; page 27: Splash News/Newscom; page 28: robtek / Shutterstock.com; page 28: Artos/ Shutterstock.com; page 29: Wachiwit / Shutterstock.com; page 29: F-Stop boy / Shutterstock.com; page 29: babysofja/ Shutterstock.com; page n/a: amtitus/ Getty Images; n/a: amtitus/ Getty Images

Edición de: Jennifer Doyle
Diseño e ilustraciones de la portada de: Joshua Janes
Diseño e ilustraciones de los interiores de: Joshua Janes
Traducción al español: Santiago Ochoa
Edición en español: Base Tres

Library of Congress PCN Data

Encendido: La historia de los videojuegos / Kaitlyn Duling
 (Juegos y deportes electrónicos)
 ISBN 978-1-73165-935-4 (hard cover)
 ISBN 978-1-73165-934-7 (soft cover)
 ISBN 978-1-73165-936-1 (e-Book)
 ISBN 978-1-73165-937-8 (e-Pub)
Library of Congress Control Number: 2024947725

Rourke Educational Media
Printed in the United States of America
01-0342511937